AF232324

NOTICE

SUR

M. ANTONY VIOT.

(Lue à la Société impériale d'Emulation de l'Ain.)

NOTICE

SUR M. ANTONY VIOT.

I.

Il y a quelques mois à peine, une mort que personne n'eût pu prévoir brisait brutalement la carrière d'un peintre de talent et enlevait un homme de cœur à l'affection et à l'estime de tous ceux qui l'ont connu.

Antony Viot, comme tous les artistes d'un mérite incontestable, s'était conquis un public qui goûtait et admirait sincèrement ses œuvres, qui, chaque année, applaudissait à ses succès toujours croissants et désignait avec un légitime orgueil ceux que l'avenir lui promettait encore.

Ce public qui s'était attaché à son peintre a compris le vide que cette mort fatale devait laisser après elle. Des regrets unanimes se sont manifestés et se manifesteront encore, mais le moment viendra, s'il n'est déjà venu, où la mémoire de l'artiste, dégagée des émotions pénibles qui ont entouré sa tombe, reprendra ce caractère de sérénité et de fixité qui commande le culte et conjure l'oubli.

Outre des paroles très-émues prononcées sur cette tombe, deux intéressantes notices biographiques ont pleinement répondu à l'attente générale. La première est due à une plume bien connue et appréciée depuis longtemps; la seconde, à celle d'un ami et d'un élève à la fois qui s'est

1866

imposé la douce mission d'une enquête toute filiale et qui a religieusement dressé le douloureux inventaire d'une œuvre trop tôt tarie dans sa source.

Un autre ami du peintre vient ajouter à ces deux touchants récits l'hommage de ses regrets personnels. En apportant aussi son pieux tribut de douleur à cette mémoire douce et triste, il cède à un besoin affectueux en même temps qu'il accomplit un devoir.

Il veut, lui aussi, comme ami et confident, dire ce qu'il sait de l'homme et de l'artiste, ce qu'il a vu de cette carrière calme, modeste, remplie tout entière par l'art et le travail, et franchement vouée à l'étude contemplative d'une nature spéciale et choisie. Maintenue soigneusement à l'abri de toute vaine et stérile publicité, cette honorable existence s'est écoulée sans accident, sans péripétie au milieu de paysages calmes et reposés, semblable en quelque façon à ces cours d'eaux tranquilles, mystérieux, fuyant dans les ombrages, charmants motifs tant de fois reproduits par la gracieuse fantaisie du peintre.

On a dit ce qu'était Viot comme homme et comme artiste. On sait que son enfance s'est passée à Bourg, où il fut amené très-jeune par ses parents ; que de bonne heure il aborda l'étude du paysage, pour laquelle il avait dû suivre les voies et les phases ordinaires. D'abord la période de l'initiation, plus tard celle des essais, ensuite la recherche de la personnalité et enfin la conquête définitive d'une manière propre et originale. Débuts et acheminements connus de tous ceux qui ont abordé la carrière difficile des arts.

Sans se laisser détourner de la voie qu'il s'était proposé de suivre, Viot avait gravi consciencieusement et sans trop d'efforts les degrés successifs qui l'ont amené au point où nous l'avons connu.

Ses années de jeunesse, exemptes de troubles et tout entières consacrées à la recherche de l'art qu'il espérait atteindre, furent faciles et peu mouvementées. A part deux voyages en Bretagne et sur la côte de Gênes, il ne s'est guère éloigné de ses affections de famille, auxquelles sont venues s'ajouter de sincères relations d'amitié qui ont rempli sa vie avec les labeurs de l'atelier, les douces heures de la contemplation artistique, les courses et les études sur nature.

Calame fut son maître, il devint bientôt son ami, et c'est dans l'intimité de cet homme de bien et de cet éminent artiste, trop peu apprécié chez nous, qu'il développa les germes de son talent, et que, tout en se livrant à l'étude matérielle de la peinture, il s'inspira de cette doctrine saine et élevée qui devait donner à son œuvre le cachet de grâce sobre et choisie par lequel elle se recommande surtout aujourd'hui.

Au sortir de l'atelier du maître, ses premières études sur nature s'étaient faites avec Calame lui-même et sous sa direction, au milieu des scènes grandioses et imposantes des Alpes.

Mais il était dans les idées de Calame qu'une fois le métier suffisamment acquis, le développement ultérieur des facultés de l'élève exigeait que sa chaîne de servage fût rompue, et qu'il ne relevât désormais que de lui-même, la liberté dans le choix des moyens pouvant seule le faire arriver à l'originalité et à la maturité du talent.

Il engagea donc son ami à consulter ses propres forces et à recueillir les éléments épars qu'il venait d'acquérir pour s'engager ensuite dans la recherche d'une voie qui lui fût tout-à-fait personnelle.

Le conseil fut écouté, et Viot, abandonnant les Alpes, dont les grands aspects l'avaient un peu effrayé, alla demander à l'austère Bretagne d'autres inspirations et chercher sur ses âpres et poétiques rivages des vues différentes de celles qui venaient d'être soumises à ses premières observations.

Il trouva là d'antiques forêts, puis l'Océan vaste et sombre avec ses brisants, ses écueils, ses portiques de rochers émergeant le long des côtes, tous éléments inspirateurs qui furent successivement interrogés par le nouvel adepte et qui laissèrent dans sa mémoire un souvenir ineffaçable. Aussi, un grand nombre d'études dessinées et peintes furent les fruits de cette seconde campagne.

Le besoin d'investigations nouvelles le porta à chercher d'autres termes de comparaison. Il comprenait que c'était seulement en procédant ainsi qu'il pouvait arriver à entrevoir une manière, à la déterminer et à l'asseoir définitivement.

Quelques artistes de ses amis lui avaient parlé des rives méditerranéennes, des plages de Cannes, emplantées de grands pins, et surtout de la côte de Gênes, de sa couleur, de sa végétation particulière, de ses golfes attachants, de ses promontoires pittoresques et variés.

Cette seconde excursion fut aussi fructueuse que la première; de nombreuses études, des dessins et des tableaux, dont plusieurs furent exposés à Lyon, marquèrent le goût très-vif qu'excita chez lui la vue de cette nouvelle nature, toute molle et sensuelle qu'elle fût.

Mais son penchant était à la rêverie; le vif éclat, les contrastes heurtés des rochers, des terrains nettement accusés dans la lumière et le ciel, l'éloignaient trop des impressions qu'il devait à son pays d'adoption, dont la nature vaporeuse avait déjà éveillé ses secrètes et instinctives sympathies.

Pendant tout son séjour sur la côte méridionale, ses yeux s'étaient déshabitués de l'aspect des forêts. Ici elles s'étalaient devant lui, pleines de nuances et de mystères. Avec cela, l'aspect plus austère et aussi plus attachant des ciels et de la végétation commandèrent ses préférences. Il trouvait là enfin une nature naïve, intime, variée aussi et se caractérisant à la fois par la noblesse et l'harmonie des lignes.

Les vallées ombreuses, les lacs du Bugey et du Jura, les plaines boisées de la Bresse et surtout les grands terrains et les horizons mélancoliques de la Dombes, l'émurent et l'inspirèrent.

Son travail fut dès lors sans relâche; à l'atelier, sur nature, ces différentes régions tour à tour étudiées lui livrèrent successivement leurs secrets et lui fournirent les motifs d'une foule de croquis et d'un grand nombre de dessins et de tableaux.

Malgré ses divers tâtonnements, Viot, tout en conservant dans son exécution, soit en défauts, soit en qualités, le cachet primitif qu'il tenait de son maître, était parvenu néanmoins à s'affranchir suffisamment; il avait conquis enfin une manière, une personnalité et cela sans préoccupation de *faire* ou de *parti pris*.

Plus tard, la Dombes, devenue l'objet de ses préférences marquées, lui fournit désormais ses plus belles études et partant ses meilleures toiles.

Il vit ce pays sous tous ses côtés pittoresques, et bientôt une série de nombreux tableaux et de gouaches charmantes témoignèrent hautement de la manière dont il l'avait compris et traité.

Que de détails gracieux ou sévères, que d'aspects saisissants l'ensemble de ses études ne nous a-t-il pas déroulés en chemins creux, bouleaux aux molles attitudes, chênes énormes aux pieds tordus et trempés dans la vase! Ensuite dans les tableaux de dimension, que de charmants poëmes! Troupeaux errants dans les solitudes, pâtres mélancoliques promenant leurs regards sur d'obscurs lointains et détachant leurs sombres silhouettes sur des ciels étendus et profonds; en un mot tous les détails, toutes les nuances de cette nature étrange lui étaient devenus familiers.

Il s'était surtout épris, et ses plus grandes toiles en sont la preuve, de la monotonie des larges espaces, des horizons étendus et fuyants comme la mer et des vastes étangs aux errantes lueurs crépusculaires.

C'était là la vraie Dombes sérieusement poétique et pittoresque; aussi, il faut le répéter, Viot l'a fait connaître et en est devenu le *peintre*.

D'année en année son œuvre s'élargissait et son talent arrivait à toute sa maturité. Dès lors, outre une foule de crayons, de pastels, de gouaches remarquables, genre dans lequel il a surtout excellé, des dessins de toute nature, abondamment disséminés, et d'importantes toiles, le recommandèrent à l'attention des hommes de goût.

Un certain nombre de ces toiles fut acheté par des amateurs, d'autres furent données généreusement par l'artiste soit à des amis, soit à des loteries de bienfaisance, soit encore à la préfecture de l'Ain, qui en possède trois. D'autres enfin ornent plusieurs musées de province.

Un splendide coucher de soleil dans les étangs de la Dombes, un des plus grands tableaux qu'ait peint Viot et qui peut être considéré comme son œuvre capitale, a été exposé à Paris, ensuite à Bordeaux, où il a été acheté. Il est regrettable que ce tableau ne soit point resté dans le pays.

Lyon était la ville où il exposait d'habitude, mais son œuvre de plus en plus remarquée lui avait acquis des appréciateurs qui, par leurs instances, obtinrent de lui que ses tableaux franchiraient l'espace étroit dans lequel il les avait confinés.

Marseille, Strasbourg, Bordeaux et d'autres villes encore recherchaient pour leurs expositions les toiles de notre paysagiste : elles lui méritèrent toutes de nombreuses et flatteuses félicitations. A Paris enfin, abordé après les sollicitations pressantes et réitérées de plusieurs artistes ses amis, il obtint de très-honorables suffrages.

On avait doucement reproché à Viot le peu de soin qu'il apportait à sa réputation d'artiste ; sa claustration obstinée, lui disait-on, l'éloignait de certaines influences qui auraient pu venir en aide à son talent ; on lui reprochait en outre de ne pas aller chercher d'autres inspirations dans le dehors et le bruit. On s'efforçait de lui persuader que sa peinture en ressentirait de salutaires influences.

Mais il demeurait sourd à de telles suggestions, sa ligne de conduite étant toute tracée et arrêtée, il voulait y rester fidèle. Il n'aimait que son art, son travail, sa retraite ; le bruit, disait-il souvent, lui était odieux. Il ne pouvait non plus supporter les foules, dont il s'était toujours tenu soigneusement à l'écart.

Le grand respect qu'il professait pour son art l'avait constamment éloigné de ces complaisances faciles que certains artistes sont trop enclins à prodiguer. Les insinuations perfides du mauvais goût faux et équivoque l'ont toujours trouvé insensible et n'ont jamais pu obtenir de lui la moindre *tricherie* de métier ; aussi, mérite rare, il faut l'avouer, sa peinture est toujours demeurée probe, sincère et consciencieuse.

Viot enfin ne s'est jamais démenti, le plan austère d'abnégation à l'art et au travail qu'il s'était tracé à lui-même, il l'a constamment suivi. Mais en revanche il a eu, comme nous l'avons dit, la douce compensation des relations dévouées et sincères. Cette vie de retraite lui a valu d'ailleurs, comme précieux dédommagement, de l'avoir maintenu à l'abri des jalousies, des déboires, des amertumes dont si souvent les artistes sont abreuvés.

Ceci n'est pourtant pas tout-à-fait exact ; il a fallu qu'il subit, lui aussi, le joug de la loi commune ; mais son heureux caractère et sa douce philosophie lui ont toujours fait jeter un voile de bienveillance et même de pardon sur certaines injustices auxquelles l'homme le meilleur ne parvient jamais, quoi qu'il fasse, à se soustraire entièrement.

II.

Lorsque Viot vint commencer ses études de peinture à Genève, Calame, quoique déjà avantageusement connu, était encore à ses débuts. Toopffer, l'ami du peintre genevois, et aussi bien certainement son conseiller, répandait autour d'un certain nombre d'initiés ces considérations sur l'art, simples, fines et élevées, dont les avisés d'alors eurent à faire leur profit.

Viot subit cette heureuse influence ; on retrouve dans son œuvre l'empreinte de ces salutaires leçons.

Des théories sans nombre ont été émises sur l'art en général et sur la peinture en particulier. Il est peut-être plus exact de dire qu'on a varié plutôt les formules que les théories.

Deux surtout s'appliquent plus spécialement à l'art de peindre. L'une, qui n'admet que la stricte représentation des objets, sans préoccupation d'aucun élément idéal; l'autre qui, en dehors de cette représentation plus ou moins exacte, lui demande comme condition essentielle la manifestation d'une idée ou l'expression d'un sentiment vrai.

Tout en réservant l'estime et le respect des conditions matérielles indispensables à toute œuvre d'art, il faut admettre que la physionomie extérieure, saisissante même d'un tableau, due à la couleur et à l'imitation plus ou moins exacte des objets, importe peu, s'il lui manque le côté sérieux et élevé sans lequel l'art s'abaisse, c'est-à-dire l'expression d'une pensée ou d'un sentiment moral.

Malgré un grand nombre de protestations et d'opinions divergentes, Toopffer, avec sa saine critique, établissait que l'étude des objets naturels, tout indispensable qu'elle fût au peintre, ne devait être pour lui qu'un moyen de représentation et jamais un but définitif d'expression, que s'il s'agissait, en se renfermant toutefois dans les conditions et les procédés matériels de l'art, de représenter des arbres, des terrains, des montagnes, avec leur exactitude de ligne et de couleur, il s'agissait encore bien plus, par une intelligente interprétation, de leur donner une signification esthétique et idéale qui pût gagner le spectateur et l'amener à l'émotion inspiratrice du tableau.

Aussi, Viot, dans la composition de ses toiles, bien que des études consciencieusement peintes sur nature lui eussent fourni ses meilleurs motifs, bien qu'admirateur fervent de cette nature et son élève soumis, il se fût astreint à des copies aussi exactes que possible; de retour à l'atelier, en face de l'ébauche, il franchissait ses limites, et allait toujours par-delà, ne cherchant ses meilleures inspirations qu'en lui-même et donnant une poésie et un sens qui lui étaient propres à ces forêts jaunissantes ou vaporeuses, à ces versants accidentés de collines, à ces lointains étendus et fuyants que son pinceau délicat nous a rendus si familiers.

L'indifférence pour ces grands principes d'esthétique ou plutôt leur trop complet abandon ne semble pas aujourd'hui avoir profité à la peinture.

L'école réaliste s'est emparée du paysage comme de son domaine naturel et ne semble pas s'être doutée que son dédain pour l'emploi de la pensée dans l'art de peindre, tout en la privant de grands avantages au point de vue du métier, faisait décheoir cet art de son haut rang et lui enlevait ses plus nobles prérogatives.

Par esprit d'innovation les réalistes ont rejeté une vérité contre laquelle aucune théorie contraire ne pourra jamais prescrire. C'est que l'homme se cherchera toujours lui-même dans tous les sujets ou les objets qu'il soumettra à son examen, ne donnant son adhésion ou ne s'attachant sincèrement qu'aux choses de nature à provoquer l'intervention de son esprit ou l'élan de son cœur.

Ce qui fait que nous éprouvons un sentiment d'admiration, un certain mouvement de sympathie attractive pour les forêts, les montagnes et les mers, c'est que nous trouvons dans leur mystère, leur attitude et leur immensité des rapports secrets avec les aspirations de notre âme.

Enlever à la nature pittoresque le concours de nos facultés intimes, c'est proscrire toute poésie, c'est supprimer le plus grand charme qui puisse nous attirer à elle.

Aussi, lorsqu'un peintre se propose de représenter sur une toile une lisière de forêt, une pente ombreuse baignée dans les moiteurs d'un lac, un coteau blanchi par les douces lueurs matinales, c'est, en même temps que ces différentes scènes, sa propre émotion que nous lui demandons de nous traduire.

Il faut conclure de là que l'art a sa source dans l'idéal et que, comme tel, il exige impérieusement le concours de notre être moral, sous peine de déchéance.

Procéder comme les peintres de l'école réaliste, avec la préoccupation systématique de s'annihiler soi-même dans son œuvre pour ne s'attacher qu'aux seules formes matérielles et s'interdire dans son travail l'action dominatrice de la pensée, c'est soumettre cette œuvre à un abaissement inutile sans lui rien faire gagner au point de vue du vrai et du naturel. C'est la priver enfin de ce charme, de ce cachet particulier d'idéalité qui sera toujours, quoi qu'on dise, le passeport obligé de tout bon tableau.

Pour nous résumer, si, devant la nature et dans de certaines limites, le paysagiste doit s'effacer et se faire humble; à l'atelier, au contraire, il doit recouvrer toute sa liberté d'allure et toute l'indépendance de sa pensée.

C'est assurément par suite du mépris de ces principes que le côté idéal et spiritualiste de l'art est systématiquement abandonné par un grand nombre de *faiseurs*, tous préoccupés de satisfaire aux exigences capricieuses d'un public inéclairé et fort mobile dans ses goûts.

Chez ces complaisants, dont le nombre ne tend que trop à s'accroître, la pratique de l'art, vouée uniquement à la spéculation intéressée, admet tous les tempéraments, sert docilement les goûts d'un public vulgaire, les commandes sans choix d'industriels enrichis et les fantaisies obstinées de gens qui ne se piquent guère de préférences pour les choses choisies et vraiment belles.

Ici et à tort, l'industrie et la spéculation, sortant de leur domaine naturel pour envahir celui de l'art, ont malheureusement exercé leurs funestes séductions sur certains artistes chez lesquels la pratique de la peinture, devenue dorénavant banale et d'un accès facile, a été réduite aux procédés les plus expéditifs.

Par suite de cette influence fatale, l'emploi de la pensée les gênant beaucoup par ses lenteurs et ses exigences inévitables, ils l'ont vouée à une proscription presque complète.

On est atteint de cette triste conviction quand on entre dans une salle d'exposition quelconque. A part un nombre malheureusement trop restreint de tableaux qui indique que leurs auteurs ont pris quelque souci de la forme et de la pensée, à part encore des scènes qui, quoique traitées avec un mérite d'exécution incontestable, sont d'une nature trop insignifiante pour éveiller le charme ou l'intérêt ; combien d'autres toiles dont le thème bas et trivial a le triste privilége d'attirer les regards et de fixer les préférences.

Ces frappants contrastes font ressortir dans Viot le mérite sérieux du peintre en même temps que le caractère élevé de l'homme.

Voué sincèrement au culte de son art, son exécution, il faut le répéter, se distinguait par un rare cachet de probité consciencieuse.

Inflexible sur ce point, il n'aurait pas consenti à livrer un tableau non muni de sa sanction préalable, ce tableau eût-il obtenu par avance les préférences et les suffrages d'ailleurs.

Avant tout, il cherchait à se satisfaire lui-même ; s'armant toujours de la plus grande sévérité, la critique qu'il appliquait à son œuvre paraissait à ses amis quelquefois injuste ou outrée; il leur arrivait même assez souvent d'en appeler de l'arrêt de proscription qu'il prononçait contre quelques-unes de ses compositions frappées de ses disgrâces.

Son travail était facile, enjoué même, car pendant qu'il peignait, il aimait à sentir autour de lui son cercle d'intimes et d'habitués; aussi l'atelier, chaque jour, était-il envahi par de familiers visiteurs, et là, si les observations critiques étaient souvent téméraires, elles étaient du moins toujours sincères.

Le peintre, d'ordinaire, écoutait en souriant les opinions plus ou moins judicieuses qui lui étaient soumises; sa modestie, néanmoins, et une grande rectitude de sens le portaient toujours à tenir compte d'une remarque juste et opportune.

C'est ainsi que, dans de faciles et aimables relations, se tempéraient les heures laborieuses de l'atelier. La causerie y était toujours animée et choisie. Souvent aussi elle franchissait ses limites habituelles pour aborder quelque sujet plus sérieux de critique artistique ou littéraire.

Ceux qui ont fréquenté l'atelier de Viot, qui l'y ont vu et pratiqué, ont pu le connaître tout entier. Il y passait ses journées, il y fuyait les distractions du dehors, souvent même celles qui lui étaient offertes par l'amitié, réservant au travail tous les instants, toutes les heures.

Une attraction douce et irrésistible lui gagnait toutes les sympathies; à la fois enjoué et sérieux, le tour d'esprit très-cultivé qu'il devait à une instruction solide et variée, donnait à sa conversation un charme et un agrément tout particulier.

Ses lectures aussi, fort nourries d'ailleurs, le tenaient en outre au courant de tous les écrits qui pouvaient fournir un aliment à sa pensée ; c'est pour cela qu'en dehors de son travail de peinture il trouvait encore des loisirs à consacrer aux occupations littéraires. Son style était châtié, facile et même énergique dans l'occasion. A Bourg on a gardé, entr'autres, le souvenir de pages très-émues et très-solides d'appréciation publiées en faveur de la mémoire de Calame, son maître et son ami.

Cependant il y avait au fond de cette nature une certaine mélancolie qui l'éloignait des réunions bruyantes et lui faisait rechercher le silence et la retraite. Du reste, nullement morose, il était au contraire d'une égalité d'humeur inaltérable et d'une aimable liberté d'esprit dont on ne l'a jamais vu se départir.

Sa mort prématurée et que rien n'avait pu faire prévoir est survenue à la suite d'une campagne funeste dans la contrée de son choix et de ses préférences.

C'est en Dombes que, fixé à la tâche opiniàtre qu'il s'était imposée et peignant sous les étreintes d'un soleil ardent, il contracta les germes de la maladie cruelle qui l'a enlevé en quelques jours à l'affection de sa famille et à celle de ses amis.

Comme homme, par les qualités du cœur, Viot vivra dans le souvenir de tous ceux qui l'ont aimé ; comme peintre, son œuvre discrète, châtiée et d'une distinction très-réelle, empreinte surtout du caractère poétique de la nature spéciale qu'il a voulu traduire, sera désormais pour l'avenir la sûre garante de sa mémoire d'artiste.

A ceux qui ont vécu dans son intimité, pour lesquels son commerce était devenu une habitude impérieuse de chaque jour, combien de douces heures désormais vont être retranchées !

Attristés par ces grands silences que la mort fait autour

d'eux, ils prévoient avec une morne résignation que d'autres bruits peuvent s'éteindre encore ; aussi les images du passé leur devenant plus chères, l'ami qui a disparu à leurs côtés laissera après lui comme la trace d'un rêve attachant dont ils n'ont plus aujourd'hui, hélas ! qu'à garder religieusement l'impression et le souvenir.

HUMBERT DE MARESTE.

BOURG, IMPRIMERIE MILLIET-BOTTIER. — 1866.